Culture économique | numéro 3

MILTON FRIEDMAN
ET LE MONÉTARISME

— Un libéral en marge
du keynésianisme
ambiant

par Ariane de Saeger

50MINUTES

Avec la collaboration de Brigitte Feys

MILTON FRIEDMAN

- **Nom ?** Milton Friedman.
- **Naissance ?** Né à New York le 31 juillet 1912.
- **Mort ?** Décédé à San Francisco le 16 novembre 2006.
- **Contexte ?** Époque marquée par un regain libéral qui vise une diminution des interventions de l'État.
- **Courant ?** Inspiration libérale, école de Chicago, monétarisme.
- **Ouvrages principaux ?**
  - FRIEDMAN (Milton) et KUZNETS (Simon), *Income from Independent Professional Practice*, Cambridge, National Bureau of Economics Research, 1945.
  - FRIEDMAN (Milton), *Essais d'économie positive* (*Essays in Positive Economics*), Chicago, University of Chicago Press, 1953.
  - FRIEDMAN (Milton), *Études sur la théorie quantitative de la monnaie* (*Studies in the Quantity Theory of Money*), Chicago, University of Chicago Press, 1956.
  - FRIEDMAN (Milton), *Capitalisme et Liberté* (*Capitalism and Freedom*), Chicago, University of Chicago Press, 1962.
  - FRIEDMAN (Milton) and SCHWARTS (Anna J.), *Une histoire monétaire des États-Unis* (*Monetary History of the United States*), Princeton, Princeton University Press, 1963.
  - FRIEDMAN (Milton), *La liberté du choix* (*Free to Choose*), San Diego, Harcourt Brace Jovanovich, 1980.
- **Notions-clés ?**
  - <u>Action</u> : en Bourse, les actions sont des parties de propriété d'une société. Les investisseurs sont amenés à acheter des parts d'une ou de plusieurs sociétés en vue de toucher des dividendes et de voir la valeur de celles-ci augmenter, et d'ainsi en retirer un bénéfice lors de la vente. La valeur du titre et le dividende forment ensemble le *Return on Investment* (ROI), soit le retour sur investissement (RSI) de l'action.

- Bourse : lieu de rencontre entre l'offre et la demande pour un produit financier (une action de société par exemple).
- Économie de marché : système dans lequel les agents économiques (entreprises et individus) ont la liberté de vendre et d'acheter des biens, des services et des capitaux. Chacun agit alors en fonction de ses intérêts ; le profit, considéré positivement, y figure comme la récompense du risque.
- Économie planifiée : une économie où les choix en matière d'investissement, de production et de fixation des prix sont faits par l'État ou ses organismes habilités. L'économie planifiée s'oppose à l'économie de marché.
- Krach boursier de 1929 : en 1929, les taux d'intérêt augmentent, la Bourse stagne, les gens revendent simultanément leurs titres boursiers pour rembourser leur emprunt. Conséquence : la Bourse chute irrémédiablement.
- Libre-échange : le libre-échange est une théorie qui préconise la suppression de toute entrave aux échanges et à la liberté des transactions internationales. Ce système s'oppose au protectionnisme qui, lui, protège une économie contre la concurrence étrangère au moyen de barrières (non) tarifaires comme les taxes. Par exemple, un pays A qui rencontre à l'intérieur de ses frontières des difficultés au niveau de la production et de la vente du lait va se protéger en instaurant une taxe pour tout autre pays B désirant produire et vendre du lait à prix inférieur dans le pays A. Le libre-échange vise à supprimer toute possibilité de se protéger contre la concurrence.
- Mécanisme boursier : si le taux d'emprunt bancaire est bas, les gens empruntent plus pour pouvoir investir davantage en Bourse. Lorsque cette dernière monte, les gens revendent alors leur investissement boursier (actions, par exemple) pour solder leur emprunt avec un bénéfice restant avantageux. Pour que ce mécanisme fonctionne, il faut que le taux d'emprunt soit bas et que la Bourse soit toujours croissante.

- Taux de change flottant : à l'inverse du taux de change fixe, le taux de change flottant évolue librement selon l'offre et la demande. Soit un individu européen désirant faire un emprunt à une banque américaine. Dès lors, le remboursement de l'emprunt supposera un échange de devises pour payer le banquier en dollars. Si ce dernier propose un emprunt avec un taux de change flottant, cela signifie que le montant de l'emprunt à rembourser variera en fonction du taux proposé par le marché.
- Théorie du revenu permanent : théorie élaborée par Milton Friedman en 1957 et qui suppose que le comportement du consommateur dépend non pas du revenu actuel de ce dernier, mais bien du revenu estimé à long terme.
- Théorie néoclassique : datant de la fin du XIXᵉ siècle, cette théorie vise à renforcer les idées libérales des économistes classiques, telles que celles d'Adam Smith (économiste anglais, 1723-1790) ou de David Ricardo (économiste anglais, 1772-1823) qui avaient entretemps été contestées.

D'un point de vue historique, les jeunes années de l'économiste Milton Friedman coïncident avec les « les années folles » (1920), marquées par une forte croissance économique – la plus forte en deux siècles – ainsi que par deux révolutions industrielles ; celles de l'automobile et de l'électricité. À cette époque, les États-Unis constituent la première puissance industrielle devant l'Allemagne, la France et l'Angleterre, et ce grâce à deux facteurs :

- l'émergence de nouveaux produits de consommation, tels que l'automobile, le pétrole, la radio, etc.
- la conquête économique de l'Europe, notamment via la création de multinationales (*Coca-Cola*, *General Electric*, *Ford*, etc.) qui mettent en place un marketing globalisé.

Par ailleurs, le revenu par habitant passe de 522 à 716 dollars entre 1921 et 1930, et la hausse de la Bourse atteint les 300 % pendant cette même période, alors que la production industrielle américaine n'a augmenté que de 50 %. Le cours de la Bourse augmentant plus vite que la production réelle et que le profit des entreprises, les États-Unis se retrouvent alors dans une spirale infernale : la Bourse contrôle l'économie.

Durant son adolescence, Milton Friedman connaît la crise économique (krach boursier de 1929) et la famine, la montée des extrémistes, de la xénophobie et de l'antisémitisme et enfin la Seconde Guerre mondiale.

Les dégâts causés par la crise de 1929 sont si vastes qu'émergent bientôt diverses politiques prônant le retour à une économie planifiée. De nombreuses réformes sont adoptées dans ce sens. Ainsi, aux États-Unis, le président démocrate Franklin Roosevelt (1882-1945) instaure en 1933 le *Glass Steagall Act*, soit la séparation entre la gestion des banques et celle de la Bourse afin d'assurer une totale transparence des activités bancaires et financières, et de restaurer la confiance de la population.

SA VIE

JEUNESSE ET FORMATION

Né en 1912 à Brooklyn et issu d'une famille modeste d'immigrants juifs roumains, Milton Friedman accomplit de brillantes études : lycéen diplômé peu après son seizième anniversaire (1928), il se forme d'abord à l'université de Rutgers (New Jersey) où il obtient un diplôme de *Bachelor of Arts* (bachelier en art) en 1932. Il étudie ensuite les mathématiques et l'actuariat (spécialisation mathématique s'appuyant sur les probabilités et les statistiques pour estimer l'impact et les flux financiers futurs et déterminer le niveau de risque), puis se tourne vers l'économie pure à l'université de Chicago. Enfin, pendant un an, il approfondit les statistiques à Columbia, où il rencontre George Joseph Stigler (économiste américain, 1911-1991). Plus tard, il retourne à Chicago pour y être assistant de recherche auprès de l'économiste et statisticien américain Henry Schultz (1893-1938).

Durant cette même période, il fait la connaissance de celle qui deviendra son épouse, Rose Director (économiste américaine, 1911-2009). On retrouve par ailleurs l'influence de cette dernière dans certains écrits de son mari. De leur union naissent deux enfants. L'un d'eux, David Friedman, entamera des études scientifiques avant de s'orienter comme ses parents vers l'économie. Il s'inscrira dans un courant anarcho-capitaliste à tendance utilitariste, qui prône un système sans intervention étatique.

DE L'ENSEIGNEMENT AU PRIX NOBEL

Lorsque Milton Friedman termine ses études, en 1935, il ne trouve pas directement de poste d'enseignant universitaire, aussi se dirige-t-il vers une carrière professionnelle fédérale dans le cadre des programmes lancés par le président Roosevelt qui offrent de nombreux débouchés pour les économistes. Cette même année, il participe à une étude sur la consommation au *National Ressource Committee* ; en 1937, il travaille pour le *National Bureau of Economics Research* (NBER) et assiste Simon Kuznets (économiste américain, 1901-1985) dans ses travaux sur la théorie du revenu ; de 1941 à 1943, Milton est conseiller au département du Trésor des États-Unis et travaille notamment sur la politique des taxes en temps de guerre.

Entre 1945 et 1946, Friedman débute sa carrière d'enseignant à l'université du Minnesota aux côtés de George Stigler et la poursuivra en 1946 comme professeur d'économie à l'université de Chicago. Chef de file du groupe informel d'économistes libéraux appelé « école de Chicago », Milton Friedman développe le courant de pensée monétariste et est relayé par George Stigler, Ronald Coase (économiste anglais, 1910-2013), Gary Stanley Becker (économiste américain, 1930-2014) et Robert Emerson Lucas (économiste américain né en 1937).

Parallèlement à son activité d'enseignant, il publie plusieurs ouvrages qui accroissent sa notoriété aussi bien auprès du public américain que des politiques. En 1953, il publie les *Essais d'économie positive* (*Essays in Positive Economics*), ouvrage qui suscite de nombreuses controverses lors de sa publication, mais qui est finalement reconnu comme une référence de la pensée économique contemporaine. En 1962, il publie *Capitalisme et liberté* (*Capitalism and Freedom*), un des classiques les plus provocants de l'économie.

D'un point de vue politique, les travaux de Milton Friedman influencent principalement les politiques de Margaret Thatcher (1925-2013) au Royaume-Uni et de Ronald Reagan (1911-2004) aux États-Unis.

À la fin des années soixante, à la fois journaliste pour le *Newsweek* et conseiller économique d'organismes officiels, Friedman est de plus en plus présent sur la scène publique. Il travaille par ailleurs pour le compte de certains présidents – Richard Milhous Nixon (1913-1994) et Ronald Reagan – durant leur mandat.

En 1976, il reçoit le prix Nobel pour ses découvertes dans le champ de l'analyse de la consommation, de l'histoire et de la théorie monétaire et pour sa démonstration de la complexité des politiques de stabilisation monétaire.

Durant les années quatre-vingt à quatre-vingt-dix, Milton Friedman fait encore de nombreuses apparitions dans les médias – l'émission télévisée *Free to choose*, dont il tirera un livre éponyme, en témoigne – et voyage pour continuer de promouvoir sa pensée. Enfin, il fondera avec sa femme en 1996 une institution qui aide les parents dans leur mission d'éducation des enfants : *Friedman Fondation for Educational Choice*.

SES CONTEMPORAINS

Henry Schultz (économiste américain, 1893-1938)

Après avoir obtenu son doctorat à Columbia en 1926, Henry Schultz devient professeur à l'université de Chicago, métier qu'il exercera tout au long de sa vie et qui lui permettra de rencontrer Milton Friedman. Ce dernier l'assistera dans le cadre de ses recherches.

Considéré comme un grand économiste statisticien américain, Henry Schultz est l'un des fondateurs de l'économétrie, dont l'objectif est la mise en application des modèles statistiques à des modèles économiques. Il est en outre l'un des premiers membres de l'école de Chicago à se démarquer et consacre par ailleurs l'essentiel de son temps à l'estimation statistique de l'offre et de la demande.

George Joseph Stigler (économiste américain, 1911-1991)

George Stigler est un économiste américain qui, après l'obtention de son doctorat en 1938 à l'université de Chicago, devient enseignant. Des liens d'amitié naissent rapidement entre le scientifique et Milton Friedman, avec qui il partage ses réflexions sur la théorie monétariste.

Les travaux de Stigler portent sur trois domaines :

- l'histoire de la pensée économique, avec au centre de ses recherches l'affirmation mathématique de l'efficacité du libéralisme ;
- la microéconomie et le modèle de la concurrence ;
- la théorie de la décision publique. Selon Stigler, le marché résout une grande partie des problèmes et il est donc erroné de prétendre que l'État intervient pour résorber les défauts du marché. Tout comme Friedman, Stigler entreprend de grandes réformes de déréglementation sous le mandat de Nixon et Reagan.

Il reçoit le prix Nobel de 1982 pour ses recherches sur la théorie économique de la réglementation.

LA THÉORIE DE LA RÉGLEMENTATION POSITIVE

La théorie de la réglementation positive, également appelée « théorie de la capture », tend à mieux comprendre l'utilité d'une intervention de l'État sur l'économie. D'une part, Stigler explique que dans un système où l'État a le pouvoir d'interdire, d'autoriser, d'aider ou d'obliger une industrie à certaines normes, les décideurs politiques mettent à mal le bien-être collectif en tournant à leur avantage les réglementations.

D'autre part, il démontre que l'intervention de l'État est le résultat d'un simple mécanisme entre les offreurs (décideurs politiques et fonctionnaires) et les demandeurs (entrepreneurs et associations d'entreprises) de réglementation. Stigler démontre ainsi que ce mécanisme de marché est biaisé en faveur des entrepreneurs, qui se rassemblent en groupe de pression pour faire valoir leurs intérêts et moyenner une réglementation publique avantageuse, sans pour autant tenir compte du consommateur, impuissant.

Friedrich August von Hayek (économiste anglais d'origine autrichienne, 1899-1992)

Économiste et philosophe, Friedrich August von Hayek est un fervent défenseur du libéralisme, opposé au socialisme et à toute forme d'interventionnisme étatique.

L'un de ses principaux travaux est un approfondissement de la théorie de conjoncture, fondée par Ludwig von Mises (économiste américain d'origine autrichienne, 1881-1973) et qui suppose qu'une crise économique est provoquée par la politique monétaire expansionniste de la Banque centrale. En d'autres mots, cette politique consiste en une démarche de la Banque centrale qui baisse le taux d'intérêt, rendant l'investissement plus attractif et les emprunts moins coûteux. Von Hayek critique le fait que dès lors que la Banque centrale intervient, l'équilibre est faussé. En effet, si les ménages ont plus d'argent, les prix augmenteront et l'on s'apercevra que l'investissement n'aura pas été aussi rentable qu'attendu. L'économiste pense donc que la Banque centrale ne doit pas intervenir pour que les prix reviennent naturellement à l'équilibre. Malgré le caractère utopique de cette vision, il ajoute que le niveau des prix et l'équilibre monétaire doivent être assortis d'une concurrence parfaite, sans aucune barrière tarifaire.

Cette théorie a valu à l'économiste et philosophe un prix Nobel d'économie en 1974.

Ronald Coase (économiste britannique, 1910-2013)

Après des études de commerce et d'économie poursuivies en Angleterre, Ronald Coase devient enseignant à l'université de Chicago et rédacteur en chef du *Journal of Law and Economics*. L'apport de Coase est double :

- d'une part, il s'interroge sur la non-existence des entreprises dans la théorie néoclassique et remet en question l'efficacité d'une économie de marché. Il observe que le recours au marché par une entreprise (tel que faire appel à un sous-traitant et négocier son contrat, par exemple) génère des coûts, appelés « coûts de transaction », et que, bien qu'utiliser un mode de fonctionnement hiérarchique permette de les éviter, il en induit d'autres, les « coûts d'organisation ». D'après lui, ces deux types de coût doivent être comparés et analysés afin que soit choisie en toute connaissance de cause la solution la plus avantageuse, à savoir le recours au marché ou à l'entreprise ;
- d'autre part, il développe le concept d'externalité des entreprises.

Il s'interroge sur la nécessité de restreindre une activité économique au profit de l'environnement. D'après lui, les externalités sont à régler par des échanges de droits de propriété entre agents privés et non par une intervention de l'État.

Coase reçoit le prix Nobel d'économie en 1991 pour l'ensemble de ses apports.

John Maynard Keynes (1883-1946)

John Keynes est l'une des grandes figures économiques du XXe siècle : il prône une économie planifiée pour réduire les incertitudes de l'avenir.

Si Keynes est enseignant à Cambridge et, pendant une courte période, représentant du Trésor britannique, sa vision de l'économie, elle, doit son origine à la crise qui secoue les conceptions traditionnelles dès 1929. Rédigé à cette époque, son principal ouvrage, *La Théorie générale de l'emploi, de l'intérêt et de la monnaie* (1936), en témoigne.

L'influence et la renommée de Keynes atteignent leur apogée durant la Seconde Guerre mondiale, lorsqu'il devient en 1944 l'un des fondateurs du système monétaire de l'après-guerre. Il s'agit d'un nouveau système monétaire international ayant pour objectif majeur la promotion du commerce mondial. Pour rendre ce nouveau système optimal, Keynes décide de créer un cadre opérationnel permettant une bonne gestion de la monnaie. Désormais, chaque pays doit posséder un compte dans une banque commune, *Bancor*, réglant tous les déficits et les surplus de la balance commerciale d'une nation. Finalement, ce plan de création de système international n'a pas été mis en place, puisque c'est l'économiste américain Harry Dexter White (1892-1948) qui imposera son système de monnaie internationale, « l'étalon-or » ou *Gold Standard*.

SON ŒUVRE, UN APPORT CONSIDÉRABLE POUR L'ÉCONOMIE

Capitalisme et liberté (1962), *Histoire monétaire des États-Unis* (1963) et *Liberté du choix* (1980) sont trois ouvrages majeurs de Milton Friedman qui ont considérablement influencé les économistes et les hommes politiques du XXe siècle.

CAPITALISME ET LIBERTÉ (1962)

Contexte

Publié au moment où les idées keynésiennes dominent les politiques du monde économique, *Capitalisme et liberté* atteste que l'inflation et le chômage ralentissent l'économie. Aujourd'hui encore, l'ouvrage est considéré comme l'un des plus influents parus depuis la Seconde Guerre mondiale, car il reste d'actualité dans le contexte économique absolu. Dans cette œuvre, l'auteur aborde de grandes thématiques, telles que la monnaie, l'éducation, la concurrence et la réglementation.

Idée majeure : la liberté économique

La principale idée développée par Friedman dans cet ouvrage peut être résumée ainsi :

La liberté économique et le développement de la liberté civique et politique

$$LÉ + x = dév. \, LC \, et \, LP$$

$$mais \, dév. \, LC \, et \, LP + x \neq LÉ$$

LÉ = liberté économique

dév. LC et LP = développement de la liberté civique et politique

x = les autres conditions

En effet, partant du constat que chaque individu possède des droits naturels qu'aucun pouvoir n'a le droit de violer, les libéraux – comme Milton Friedman – veulent les protéger en limitant toute obligation sociale (et donc toute intervention étatique) susceptible d'entraver les libertés économiques et civiques des individus.

Friedman prône donc :

- une liberté totale des individus ;
- l'initiative privée ;
- et la libre concurrence.

De manière plus globale, Milton Friedman défend une économie de marché où toutes les interventions étatiques sont réduites afin de garantir une liberté civile la plus entière possible. Toutefois, la liberté absolue (ou anarchie) n'étant ni possible ni viable, Friedman convient que l'intervention du gouvernement est néanmoins nécessaire pour assurer le respect de certaines règles (droits, lois, etc.).

Comme la liberté civile totale, la liberté politique peut elle aussi entraîner des dérives telles que des dictatures, et empêcherait alors toute liberté économique.

Les autres idées : la théorie du libre-échange et la consommation

La deuxième idée importante ici défendue par Milton Friedman est la théorie du libre-échange en matière de commerce international.

Remettant en cause les idées de Keynes, il formule en particulier l'hypothèse du revenu permanent, selon laquelle les choix de consommation sont guidés non par les revenus actuels mais les anticipations que les consommateurs se font de leurs revenus futurs. Ainsi, si les anticipations sont stables, elles auront tendance à réguler la consommation, même quand le revenu disponible baisse ou augmente.

Friedman, en monétariste, critique également le contrôle monétaire de l'État, qu'il pense source de dangers et de dérives. Selon lui, sans l'intervention de la Banque Centrale, les récessions n'auraient pas dégénéré en catastrophe lors du krach boursier de 1929.

Friedman explique également que le rôle de l'État est de garantir la sécurité des citoyens, d'assurer le respect des règles de droit et d'intervenir si le marché fait défaut ou montre des faiblesses (exemple : monopoles de certaines entreprises). Selon lui, si limiter l'intervention étatique contribue à la liberté, ce n'est pas pour autant que l'on peut s'en passer définitivement.

Enfin, ce texte traite aussi du rôle de l'État dans le financement de l'éducation. Étant donné que l'éducation de base est essentielle pour chacun, il suggère un système de « chèque-éducation » permettant de suivre l'élève et non l'établissement. Il s'agit là pour lui de la moins mauvaise solution.

En conclusion, Friedman s'oppose fermement au keynésianisme, qui prône une économie planifiée, et place la liberté au centre de sa pensée. Pour lui en effet, celle-ci passe inévitablement par une limitation du pouvoir public et une décentralisation.

HISTOIRE MONÉTAIRE DES ÉTATS-UNIS (1963)

Contexte

Ce livre, de Milton Friedman et Anna Schwartz, propose une vision différente de la pensée dominante de l'époque, le keynésianisme. Les auteurs, en effet, tentent de démontrer de manière statistique et théorique l'inefficacité des politiques de relances keynésiennes. Leurs propos font échos à ceux contenus dans *Capitalisme et liberté*.

Idée majeure : une théorie monétariste en trois points

Cette théorie s'appuie sur l'équation quantitative de la monnaie telle qu'exprimée mathématiquement par Irving Fisher (1867-1947), à savoir :

Équation quantitative de la la monnaie

$$M \times V = P \times T$$

T = nombre d'actions effectuées ou volume de transactions
P = niveau de prix
M = quantité de monnaie en circulation ou masse monétaire
V = vitesse de circulation de la monnaie

Friedman et Schwartz étudient la vitesse de circulation de la monnaie et en arrive au constat que l'évolution de la masse monétaire modifie les prix. Selon Friedman, si la Banque centrale intervient en diminuant le taux d'intérêt afin de relancer l'économie, l'accès au crédit sera plus favorable, mais les prix vont alors augmenter.

L'ouvrage qui présente la théorie monétariste s'articule en trois temps :

1. **la démonstration de l'inefficacité des politiques de relance keynésiennes**, qui affirment qu'en période de sous-emploi, les prix étant fixés, une relance par la demande est synonyme d'augmentation de la consommation – donc des dépenses et

de la masse monétaire en circulation – et de relance de l'offre (production). Milton Friedman argue qu'une telle théorie n'est pas réaliste et qu'une inflation est alors inévitable ;

2. **l'affirmation que l'inflation est uniquement un phénomène monétaire**. Il suppose une demande de monnaie stable en fonction du revenu perçu par les agents économiques ; toute augmentation de l'offre de monnaie (augmentation des revenus), ne modifie pas pour autant les encaisses monétaires : les agents utilisent cette monnaie supplémentaire pour consommer, ce qui se traduit par une augmentation des prix (inflation) ;

Milton Friedman démontre par ailleurs dans cet ouvrage qu'un des rôles des autorités publiques est de contrôler cette masse monétaire pour éviter toute inflation ou déflation, car celles-ci proviennent d'une augmentation des émissions de monnaie de la Banque centrale excédant celle de la production. Dans le même ordre d'idées, il se montre particulièrement critique face à la politique menée lors de la Grande Dépression et accuse la Réserve fédérale des États-Unis (Fed) d'être à l'origine de l'ampleur des dégâts occasionnés par le krach boursier de 1929.

Pour prévenir d'une situation inflationniste, Friedman préconise une diminution de la masse monétaire et une augmentation des taux d'intérêt.

3. **le postulat d'une politique monétaire qui doit être structurelle et non conjoncturelle**. Étant donné que la monnaie n'est pas un élément neutre et que toute variation engendre des conséquences sur le restant de l'activité économique, elle doit être relativement stable et stricte. De cette manière, les anticipations des consommateurs ne sont pas faussées par des modifications de prix futures. D'après Friedman, la règle la plus simple est que la monnaie évolue à un taux fixe.

LIBERTÉ DU CHOIX (1980)

Contexte

Cet ouvrage tire son origine des émissions télévisées présentées par Milton Friedman et sa femme, Rose. Son objectif : démontrer la supériorité du libéralisme sur les autres systèmes économiques.

Les trois grands thèses défendues par Friedman dans *Liberté du choix* sont :

- la liberté individuelle ;
- la liberté économique ;
- et l'égalité.

Enfin, il expose les conséquences qui peuvent survenir lorsqu'un marché ignore l'une ou l'autre de ces composantes.

La théorie

Étant donné que le marché traduit ses codes et ses limites au travers des prix qu'il fixe, ces derniers doivent pouvoir être libres d'atteindre leur propre niveau en fonction des préférences des consommateurs et de celles des producteurs, et cela sans aucune intervention de l'État. De cette manière, les agents économiques reçoivent une information directement du marché, sans déformation aucune de la part du gouvernement, que ce soient des réglementations ou toute autre intervention. Milton Friedman semble ainsi se rapprocher de la théorie de la main invisible d'Adam Smith, système économique dans lequel les agents, qui y évoluent, agissent en fonction de leurs intérêts personnels et participent de ce fait au bien commun de la société. Système où, pour reprendre les termes d'Adam Smith, « la recherche des intérêts particuliers aboutit à l'intérêt général » (1776).

Friedman analyse alors les problèmes économiques rencontrés par les nations au fil du temps. D'une part, il compare le système d'économie capitaliste avec celui d'économie planifiée. D'autre part, il critique la plus grande prospérité du capitalisme par rapport à une économie planifiée. D'après lui, ce qui fait défaut dans une économie planifiée est l'importance des incitations individuelles motivées par la liberté d'action.

Se dressant contre l'interventionnisme, Friedman souligne également le fait que toute intervention de l'État entrave le fonctionnement efficace de l'économie. Le cas du libre-échange illustre ce phénomène : selon l'économiste, toute barrière tarifaire sur les importations ou exportations est une distorsion du commerce, car il cause des changements au niveau du revenu, de l'emploi et de la production. Milton Friedman se positionne donc indubitablement en faveur du libre-échange.

Bien qu'il s'oppose également à la régulation du secteur du gaz, à la fiscalité sur le tabac et à la réglementation de l'éducation, il nuance néanmoins son propos en soutenant que certaines politiques interventionnistes sont nécessaires puisqu'elles permettent d'aider les plus pauvres grâce à un impôt négatif. Enfin, l'ouvrage n'est pas juste une critique, mais propose des alternatives tout en prônant que les programmes basés sur le marché sont plus performants.

IMPÔT POSITIF ET IMPÔT NÉGATIF

Alors que l'impôt positif que nous connaissons vise à prélever une partie de notre revenu, l'impôt négatif va, quant à lui, allouer un montant additionnel au consommateur pour lui assurer un revenu décent. Cet impôt négatif correspond à un certain pourcentage lorsque le revenu est inférieur à un seuil défini. Supposons que le seuil est de 1000 € et que le pourcentage est de 50 % ; quelqu'un qui ne perçoit aucun revenu du travail recevra 50 % de 1000 €, soit 500 €.

LIMITES DE L'APPROCHE
DE CET ÉCONOMISTE ET EXTENSIONS

LIMITES ET CRITIQUES DE SON APPROCHE

Les critiques sont nombreuses et remettent en question les différents concepts développés par Milton Friedman. Elles concernent tant les limites de la théorie monétariste que certains choix de vie de l'économiste américain.

- **Pour les économistes contemporains tels que Robert E. Lucas (né en 1937) ou Finn E. Kydland (économiste norvégien, 1943), le monétarisme de Milton Friedman est trop simpliste.** De manière générale, l'héritage ultralibéral de la pensée de Milton Friedman a été très controversé. Le monétarisme, qui plaçait l'inflation par l'augmentation monétaire au centre de sa réflexion, semble trop simpliste aux économistes actuels. Par ailleurs, les banques centrales ont abandonné la politique monétariste principale selon laquelle « la masse monétaire doit suivre un taux de croissance fixe pour éviter toute inflation » et cela pour plusieurs raisons. L'une d'entre elles vise les innovations en matière de produits financiers toujours plus complexes, et parfois même plus risqués. En effet, il est aujourd'hui de plus en plus difficile de séparer la monnaie des autres produits financiers sur le marché. Dès lors, les agents choisissent parmi les produits financiers et le stock de monnaie fait face à de grandes fluctuations. Or, selon la théorie de Milton Friedman, il n'y a de relation entre inflation et masse monétaire que si sa vitesse de circulation est constante. Ce qui est dans ce cas-ci inexact.

- **Le courant de pensée proposé par Friedman est encore considéré par les keynésiens comme une innovation économique bouleversante.** En effet, à cette époque, le courant dominant était totalement opposé à ce que proposait Friedman, à savoir l'interventionnisme, les politiques d'intervention budgétaire, un taux de change fixe, etc.

- **La pertinence et la validité de ses hypothèses monétaires ont été ébranlées par les économistes autrichiens.** Un autre point de vue intéressant est celui des économistes autrichiens. D'après eux, Milton Friedman est un partisan du courant keynésien et non un de ses détracteurs. Après la crise de 1929, Milton Friedman estime en effet que la crise aurait pu être évitée si la Réserve fédérale (Fed) avait injecté suffisamment de liquidités. Dès lors, les Autrichiens voient Friedman comme un étatiste du point de vue monétaire. D'autre part, dans sa méthode, il base ses théories sur les données et non sur des actions, ce qui met en doute le réalisme de ses hypothèses et la pertinence de ses théories.

- **Sa collaboration avec le gouvernement chilien de Pinochet a été fortement controversée.** Un des points les plus controversés de la vie de Friedman est sans nul doute sa relation avec le gouvernement chilien et plus particulièrement avec Augusto Pinochet (militaire et homme d'État chilien, 1915-2006), qui a pris le pouvoir suite au coup d'État de 1973. À cette époque, alors que l'économie chilienne se porte mal (hyperinflation et activité économique paralysée), Friedman met tout en œuvre pour relever les finances du pays. Malgré les nombreuses réformes et les résultats positifs qui en découlent, peu pardonnent à Friedman son intervention en 1973 ; certains le suspectent même d'une implication personnelle dans le coup d'État.

EXTENSIONS

Dans la même lignée que Milton Friedman, tous ardents partisans du libéralisme, on retrouve :

- **Adam Smith** (philosophe et économiste écossais, 1723-1790), qui est l'un des fondateurs de la théorie économique libérale. Au centre de sa réflexion et de sa philosophie siège la métaphore de la « main invisible » qui suppose que c'est en poursuivant leur propre intérêt que les individus contribueront le mieux à l'intérêt collectif. Cette théorie prétend qu'un minimum d'interventions de l'État dans le domaine économique mène au bien-être de tous. Toutefois, la pensée d'Adam Smith a été fortement critiquée au fil des siècles, car la poursuite des intérêts individuels peut s'avérer nuisible si elle n'est pas encadrée par l'État ;
- des monétaristes contemporains de l'économiste appartenant à l'école de Chicago – George Joseph Stigler, Ronald Coase, etc. ;
- ainsi que d'autres comme **Robert E. Lucas**, économiste américain fortement influencé par Milton Friedman. Plus radical que ce dernier, il estime que toute intervention publique est néfaste pour l'activité économique. Par ailleurs, il s'en éloigne encore davantage en s'opposant partiellement à la théorie monétaire. Alors que Friedman considérait que les agents économiques s'adaptaient naturellement à une certaine variation de la masse monétaire afin d'éviter une montée des prix, Lucas pense que cette adaptation est immédiate. Ainsi, selon lui, si le gouvernement entreprend une relance économique par une injection de monnaie et un faible taux d'intérêt, les agents connaissant les risques d'une telle politique réagiront immédiatement et non progressivement et pourront dès lors modifier leur comportement en anticipant les évolutions des prix et des salaires. L'intervention publique initiale s'avère donc inefficace, aussi souligne-t-il qu'il est préférable de toujours laisser faire le marché.

EN RÉSUMÉ

31 juill. 1912	Naissance de Milton Friedman
1946	Professeur d'économie à l'université de Chicago
1953	Publication des *Essais d'économie positive*
1962	Publication de *Capitalisme et Liberté*
1963	Publication d'*Histoire monétaire des États-Unis*
1976	Prix Nobel d'économie
1980	Publication de *Liberté du choix*
1996	Création de la *Friedman Fondation for Educational Choice*
16 nov. 2006	Décès de Milton Friedman

- Élève brillant issu d'une famille modeste, Milton Friedman est devenu l'un des économistes les plus connus et les plus influents du XXe siècle.

- Fort de ses expériences professionnelles fédérales et académiques, il parvient à allier pratique et théorie dans ses nombreux ouvrages :
  - *Capitalisme et liberté* (1962) où il développe son idée de liberté économique ;

- *Histoire monétaire des États-Unis* (1963) où il expose sa théorie monétariste ;
- *Liberté du choix* (1980) où il défend la liberté individuelle, la liberté économique et l'égalité.

- Promoteur du libéralisme, il développe ses théories monétaires dans un contexte où le keynésianisme domine.
- Milton Friedman côtoie et conseille quelques grandes personnalités politiques de l'époque, parmi lesquels Reagan et Nixon, notamment sur ces deux plans :
  - politique d'intervention monétariste. Selon lui, l'inflation s'explique toujours par une augmentation de la quantité de monnaie en circulation et l'État ne doit intervenir d'un point de vue monétaire qu'en la stabilisant pour éviter toute variation des prix ;
  - abandon des politiques budgétaires et de toute intervention de l'État.
- Dans la même lignée que Milton Friedman, on retrouve notamment d'autres monétaristes de l'école de Chicago : George Stigler et Ronald Coase.
- Milton Friedman sera néanmoins critiqué pour les limites de sa théorie monétariste, pour son approche jugée trop théorique ainsi que pour son intervention lors de la dictature militaire de Pinochet au Chili.

POUR ALLER PLUS LOIN

SOURCES ÉLECTRONIQUES

- Portail *belgium.be*, consulté le 18 septembre 2014.
  http://www.belgium.be/fr/economie/informations_economiques/inflation/
- Portail *Bookrags*, « Free to Choose: a Personal Statement »,
  consulté le 18 septembre 2014.
  http://www.bookrags.com/studyguide-free-to-choose/
- *Portail de l'Économie et des Finances*, consulté le 18 septembre
  2014.
  http://www.economie.gouv.fr/facileco/adam-smith
  http://www.economie.gouv.fr/facileco/milton-friedman
  http://www.economie.gouv.fr/facileco/ronald-coase
- Portail *Encyclopædia Britannica*, consulté le 18 septembre 2014.
  http://www.britannica.com/EBchecked/topic/528406/Henry-Schultz
- Portail *Larousse*, consulté le 18 septembre 2014.
  http://www.larousse.fr/dictionnaires/francais/libre-échange_libres-échanges/47015
- Portail *Melchior, le site des sciences économiques et sociales*,
  consulté le 18 septembre 2014.
  http://www.melchior.fr/George-Stigler-prix-nobel-d.8216.0.html
- Portail *Trader-Finance.fr*, consulté le 18 septembre 2014.
  http://economie.trader-finance.fr/deflation/
  http://economie.trader-finance.fr/masse+monetaire/

SOURCES BIBLIOGRAPHIQUES

- « John Maynard Keynes », « Robert Lucas », « Ronald Coase », in *Alternatives Économiques*, n° 21, novembre 2005.
- « Milton Friedman. Le monétarisme », in *INSEAD*, consulté le 18 septembre 2014.
  http://www.insead.edu/library/past_events/docs/Friedman.pdf
- Daniel (Jean-Marc), « Georges Stigler et l'histoire des idées », in *Le Monde*, février 2007, consulté le 18 septembre 2014.
  http://www.lemonde.fr/talents-fr/article/2007/02/01/george-stigler-et-l-histoire-des-idees_821339_3504.html
- Daniel (Jean-Marc), « Une Université monétaire des États-Unis 1867-1960, livre de Milton Friedman et Anna Schwartz », in *Encyclopædia Universalis*, consulté le 18 septembre 2014.
  http://www.universalis.fr/encyclopedie/une-histoire-monetaire-des-etats-unis-1867-1960/
- Grandin (Greg), « The Road of the Serfdom. Milton Friedman and the Economics of Empire », in *Counterpunch*, novembre 2006, consulté le 18 septembre 2014.
  http://www.counterpunch.org/2006/11/17/the-road-from-serfdom/
- Lassort (Marc), « Extrait de *Capitalisme et Liberté* de Milton Friedman », in *Institut Coppet*, avril 2013, consulté le 18 septembre 2014.
  http://www.institutcoppet.org/2013/04/09/extrait-de-capitalisme-et-liberte-de-milton-friedman/
- Rivalland (Johan), « *Capitalisme et Liberté*, de Milton Friedman », in *Contrepoints*, octobre 2013, consulté le 18 septembre 2014.
  http://www.contrepoints.org/2013/10/27/144042-capitalisme-et-liberte-de-milton-friedman
- Stigler (George J.), *The theory of economic regulation*, The University of Chicago, 1971, consulté le 18 septembre 2014.

http://www.ppge.ufrgs.br/GIACOMO/arquivos/regulacao2/stigler-1971.pdf

- VINTRAY (Alexis), *Capitalisme et Liberté*, juillet 2012, consulté le 18 septembre 2014.
http://www.contrepoints.org/2012/07/31/5554-capitalisme-et-liberte

Éditeur responsable : Lemaitre Publishing
Rue Lemaitre 4 | BE-5000 Namur
info@lemaitre-editions.com

ISBN ebook : 978-2-8062-6142-7
ISBN papier : 978-2-8062-6143-4
Dépôt légal : D/2014/12603-362
Photo de couverture : © alswart

Conception numérique : Primento,
le partenaire numérique des éditeurs